Bibliografische Information der Deutschen Nationalbibliothek:

Die Deutsche Bibliothek verzeichnet diese Publikation in der Deutschen National-bibliografie; detaillierte bibliografische Daten sind im Internet über http://dnb.d-nb.de/ abrufbar.

Impressum:

Copyright © 2015 GRIN Verlag, Open Publishing GmbH
Druck und Bindung: Books on Demand GmbH, Norderstedt Germany
ISBN: 9783668321014

Dieses Buch bei GRIN:

http://www.grin.com/de/e-book/342245/persuasive-kommunikation-die-kunst-der-ueberredung

Nina Hesse

Persuasive Kommunikation. Die Kunst der Überredung

Erkenntnisse und Modelle

GRIN Verlag

GRIN - Your knowledge has value

Der GRIN Verlag publiziert seit 1998 wissenschaftliche Arbeiten von Studenten, Hochschullehrern und anderen Akademikern als eBook und gedrucktes Buch. Die Verlagswebsite www.grin.com ist die ideale Plattform zur Veröffentlichung von Hausarbeiten, Abschlussarbeiten, wissenschaftlichen Aufsätzen, Dissertationen und Fachbüchern.

Besuchen Sie uns im Internet:

http://www.grin.com/

http://www.facebook.com/grincom

http://www.twitter.com/grin_com

FOM Hochschule für Oekonomie & Management

Standort Düsseldorf

Berufsbegleitender Studiengang zum Bachelor of Science in

Betriebswirtschaft & Wirtschaftspsychologie

2. Semester

Seminararbeit im Modul **Sozialpsychologie**

zum Thema

Persuasive Kommunikation

Abgabedatum: 31.08.2015

Inhaltsverzeichnis

1. Einleitung

„Im Anfang war das Wort, und das Wort war bei Gott, und Gott war das Wort." (Die Bibel: Altes und Neues Testament, 1980, Johannes 1,1-18, S. 1195). Schon das Johannesevangelium, eines der zentralen Werke des christlichen Glaubens, verwendet eine Kommunikationstechnik, die nach heutigem Verständnis der Persuasion zugeordnet werden kann, und die aus rein linguistischer Betrachtung heraus, sich durch die gesamte Schöpfungsgeschichte zieht. Die Frage ob und wie Menschen zu beeinflussen sind ist vermutlich eine der ältesten, wenn nicht gar so alt wie der Mensch selbst. Doch die historisch datierbaren Anfänge der Persuasion reichen, über die biblische Geschichte hinaus, bis in das Altertum zurück und lassen sich - wie auch die der meisten Wissenschaften - in der Philosophie finden. So sagte schon Aristoteles, dass es drei Arten der Überzeugung gibt. Die erste hängt vom Charakter des Sprechers ab, die zweite von seiner Begabung, die Zuhörer in einen von ihm gewünschten geistigen Zustand zu versetzen, und die dritte vom Beweis oder scheinbaren Beweis, der durch die Worte selbst gegeben wird (vgl. Aristoteles, Rhetorik zitiert nach Aronson et al., 2008, S. 200). Bereits vor Aristoteles systematischer Darstellung der Redekunst kursierten entsprechende Handbücher, welche die Praxis lehrten. Zunehmend entwuchsen auch ideologische Konflikte zwischen den Vertretern der verschiedenen Denkströmungen. Der platonische Dialog beleuchtet das Motiv der Rede, hervorgehend aus den unterschiedlichen Auffassungen des sittlich sokratischen Individualismus zu der relativistischen Sicht der Sophisten. Während das sokratische Postulat gilt, durch die Rede zur Wahrheit hinzuführen, legitimieren die Sophisten die „Überredung mit der Ansicht, dass eine Wahrheit nicht existiere oder wenn, nicht erkennbar sei." (Duthel, 2013, S. 71). Nach sophistischem Verständnis geht es bei der Rede nur um die Überredungskraft, selbst wenn die Person von falschen oder widersprüchlichen Inhalten überzeugt werden soll (vgl. Duthel, 2013, S. 73). Ungeachtet weiterer historischer Betrachtung orientiert sich die nachfolgende Arbeit an einigen der wichtigsten Erkenntnissen empirischer Persuasionsforschung des 20. Jahrhunderts. Der Begriffsdefinition folgt eine Einführung zur Einstellungsbildung und deren Modulation. Als Gegenstand werden Berichte zahlreicher Experimente US-amerikanischer Sozialpsychologen herangezogen, die als Yale-Ansatz zur Einstellungsänderung in der Wissenschaft Verbreitung finden. Um ein besseres Verständnis darüber zu erlangen, in welchen verschiedenen Modalitäten persuasive Kommunikation abläuft, werden im abschließenden Teil dieser Arbeit Informationsverarbeitungsmodelle vorgestellt, die auf einen konkreten Marketingkontext angewandt werden.

2. Definition des Persuasionsbegriffs

„So komplex das Konzept ‚Persuasion' mit seinen vielfältigen Implikationen ist, so heterogen sind auch die linguistischen Ansätze einer genaueren Begriffsbestimmung." (Ortak, 2004, S.66). Aus diesem Grund wird in Folge die Art und Weise der Wirkung zur Ergründung des Verständnisses herangezogen. In der Regel ist Kommunikation ein informativer, nach interindividueller Verständigung bestrebter Austausch, bei dem die Sprache das wichtigste Medium darstellt. Unter Persuasion wird hingegen eine Kommunikation verstanden, die weder informativ vollständig noch gültig oder nützlich für den Rezipienten sein muss. Sie verfolgt lediglich die Absicht, bei ihm eine Änderung seiner Einstellung zu bewirken. Persuasive Kommunikation hat somit einen stark konnotativen Charakter, ihr Motiv liegt für den Empfänger der Botschaft meist im Dunkeln.

3. Einstellung

3.1 Einstellungsbildung

Um zu verstehen, wie Änderungen in der Einstellung herbeizuführen sind, muss erst verstanden werden, wie diese sich bilden. Einstellungen sind im Grund Bewertungen direkter und indirekter Erfahrungen. Direkte Erfahrungen resultieren aus sozialen Begegnungen, indirekte aus der Vermittlung durch Medien. Zudem bestehen Einstellungen aus drei Komponenten, die sich unterschiedlich auf die Einstellungsbildung auswirken. Zur kognitiven Komponente zählen Meinungen, Informationen und Argumente, die zur Bewertung des Einstellungsobjektes herangezogen werden. Die affektiven und verhaltensbedingten Komponenten sind emotionale Reaktionen, die sich auch im Verhalten gegenüber dem Objekt äußern. Wurde eine Einstellung gebildet, kann diese auf zwei Ebenen existieren. Dazu gehören explizite Einstellungen, die erklärbar sind und auf der Bewusstseinsebene operieren, wohingegen implizite Einstellungen unwillkürliche, meist unbewusste Bewertungen und subjektiv nur schwer bis nicht ergründbar sind (vgl. Aronson et al., 2008, S. 194, S. 198; Petty & Cacioppo, 1986, S. 127).

3.2 Einstellungsänderung

Obwohl der Mensch ein sehr stark ausgeprägtes Konsistenzstreben besitzt sind der Grad der Ausprägung und die Einstellung selbst oftmals instabil und somit veränderbar. Einstellungsänderung kann durch Verhaltensänderung herbeigeführt werden. Zeigen Menschen ein Verhalten, das ihr sonst verlässliches Selbstbild bedroht, empfinden sie eine Dissonanz. Um diesen inneren Konflikt aufzulösen, suchen sie nach Gründen, wie z.B.

äußere Umstände, um ihr Verhalten zu rechtfertigen. Besteht die Dissonanz trotz externer Rechtfertigungsversuche fort, so findet in nächster Folge eine interne Rechtfertigung statt, bei der Einstellung und Verhalten graduell einander angenähert werden. Wäre eine Person beispielsweise einem Umstand ausgesetzt, in dem sie sich widersprüchlich zu ihrer Überzeugung äußern müsste, würde sie durch interne Rechtfertigung anfangen daran zu glauben, was sie sagt. Dieses Phänomen wird als einstellungskonträre Argumentation bezeichnet (vgl. Aronson et al., 2008, S. 199-200). und kann gezielt zur Manipulation von Personen genutzt werden.

4. Erste empirische Erkenntnisse der Persuasionsforschung

4.1 Der Yale-Ansatz zur Einstellungsänderung

Die erste empirische Persuasionsforschung entstand in den USA, in den 1950-er Jahren. C. Hovland, Doktor der Psychologie an der Yale Universität, untersuchte zusammen mit Fachkollegen in etwa fünfzig Experimenten Hypothesen, wie sich Kommunikationsmedium und Kommunikationsmethode auf die Einstellung von Menschen auswirken (vgl. Fischer et al., 2013, S. 86). Finanziert wurden die Studien von der Rockefeller-Stiftung (vgl. Hovland et al., 1956, S. 244), deren Maxime die Förderung des Wohlbefindens der Menschheit ist. Für die Studien ausschlaggebend war jedoch ein vorangegangener Auftrag der US-Armee, die herausfinden wollte, wie die Kampfmoral ihrer Soldaten gesteigert werden könnte. Die wesentlichen Erkenntnisse aus den zahlreichen Experimenten zur Einstellungsänderung lassen sich zu der ungefähren Formel zusammenfassen: „Wer sagt was zu wem" (vgl. Aronson et al., 2008, S. 201) – die zudem stark an das Modell der Massenkommunikation (1948) H. D. Lasswells erinnert.

4.1.1 Der Einfluss der Quelle

In einer der ersten Studien von C. Hovland und W. Weiss (1951) mit dem Titel *The Influence of Source Credibility on Communication Effectiveness* wurde an Studenten der Yale Universität untersucht, inwieweit die Vertrauenswürdigkeit und Sachkenntnis einer Quelle Einfluss auf die Informationsaufnahme und Erinnerung des Inhaltes in Abhängigkeit zur Zeit nahm. In diesem Experiment präsentierten die Forscher den Versuchsteilnehmern inhaltlich identische Informationen, die sich nur im Kontext der Quelle unterschieden. Die Meinungen der Teilnehmer wurden in Fragebögen zu Beginn, unmittelbar nach dem Versuch und vier Wochen später erhoben. Dabei zeigte sich, dass über 70% der Befragten den Vortrag der Information als gerecht und die Argumentation der Quelle als nachvollziehbar empfanden, wenn sie sich in ihrer anfänglichen Meinung bestätigt sahen und zudem im Glauben waren, es handle sich bei der Quelle um die einer Kapazität. Standen sie hingegen einer konträren Meinung gegenüber, von der sie glaubten es handle sich dabei um die eines Laien, konnten dessen Argumentation nur knapp 36% der Teilnehmer nachvollziehen. Als ein maßgeblicher Faktor, der eine erfolgreiche Persuasion bewirken konnte, stellte sich somit das Merkmal des Kommunikators heraus. Die subjektive Bewertung der Information ist stark an den Informationsträger gebunden. Eine erneute Befragung ergab wiederum, dass die anfängliche Bewertung sich geändert hatte. Die Meinung der Teilnehmer hinsichtlich der inhaltlichen Übereinstimmung mit den Themen, die von einer als unglaubwürdig bezeichneten Quelle präsentiert wurden, entwickelte sich zu einer nun stärkeren Übereinstimmung, und umgekehrt. Somit konnte bei dem Erinnerungsprozess festgestellt werden, dass die anfänglich subjektive Befangenheit gegenüber dem Kommunikator mit fortschreitender Zeit einer objektiven Bewertung zu Gunsten des Inhaltes wich. Dieses Phänomen wird als *sleeper-effect* bezeichnet. Auf kurze Sicht bleiben jedoch Lügen besser in Erinnerung als die Wahrheit (vgl. Hovland et al., 1949 zitiert nach Hovland & Weiss, 1951, S. 635, S. 645-648, S. 650).

4.1.2 Assimilations- und Kontrasteffekte

In einem Experiment (1957) mit dem Titel *Assimilation and Contrast Effects in Reactions to Communication and Attitude Change* untersuchten Hovland und seine Kollegen, ob die vom Kommunikator dargebotene Information zu Verzerrungs- und Angleichungseffekten in der Reaktion und Einstellung der Rezipienten führt. In einer Studie zu Alkoholentsagung wurden Personen gemäß ihrer Meinung in unterschiedliche Gruppen unterteilt, mit Informationen konfrontiert und anschließend zu ihrer Einstellung befragt. Befürwortern des Trinkens wurden Argumente vorgetragen, die ihre Meinung unterstützten. Gegnern, Argumente, die das Trinken ebenso kritisch betrachteten und jene, deren Meinung nicht eindeutig erkennbar war, wurden mit beiden Argumentationsseiten konfrontiert. Dabei kristallisierte sich heraus, dass wenn die Meinung der Person von der des Kommunikators nur gering abwich, wurde die Kommunikation als sachlich und gerecht empfunden. War der Meinungsunterschied hingegen groß, empfand die Person die Kommunikation als propagandistisch und unfair. Hierbei zeigte sich auch ein Kontrasteffekt (Verzerrungseffekt). Bei der Gruppe mit großem Meinungsunterschied zu der des Kommunikators wurde dieser noch größer empfunden als er tatsächlich war. Ein

vermuteter Assimilationseffekt (Angleichungseffekt) wurde bei der Gruppe mit gerin-
gem Meinungsunterschied zum Kommunikator hingegen nicht deutlich. Bezüglich der
Einstellungsänderung kamen die Forscher zu dem Ergebnis, dass die Teilnehmer mit
großem Meinungsunterschied zu der des Kommunikators ihre Meinung nicht änderten.
Bei jenen mit tendenziell gegenläufigem, jedoch moderatem Meinungsunterschied zu
der Meinung des Kommunikators kam ein Meinungswechsel öfter vor. Somit wird das
Ausmaß des Einflusses durch eine Funktion des Abstandes zwischen der Position des
Kommunikators und der Position des Empfängers bestimmt (vgl. Hovland et al., 1956,
S. 244, S. 251). Eine quantitative Vorhersage der Einstellungsänderung konnte in dieser
Studie jedoch nicht ausreichend belegt werden.

4.2 Weitere Erkenntnisse der Persuasionsforschung

Aus weiteren Experimenten ging hervor, dass eine Beeinflussung des Rezipienten auch
durch äußere Attraktivität des Kommunikators begünstigt wurde (vgl. Eagly & Chaiken,
1975; Petty et al., 1997 zitiert nach Aronson et al., 2008, S. 201). Ein zusätzliches
Merkmal der Beeinflussung fanden sie in der Wirkung der Aussage. Botschaften, die
dem Rezipienten nicht als Beeinflussungsversuch erscheinen, wirken überzeugender als
wenn der Manipulationsversuch wahrgenommen wird (vgl. Petty & Cacioppo, 1986
zitiert nach Aronson et al., 2008, S. 201). Weiterhin zeigte sich, dass wenn Empfänger
persuasiver Botschaften im Glauben sind sie würden eine Kommunikation belauschen
wirkt die Beeinflussung stärker als wenn ihnen gesagt wird der Sprecher wüsste, dass
sie ihm zuhören (vgl. Walster & Festinger, 1962, S. 401). Auch eine dialektische Argumentation ist bei der Überzeugung u.a. sinnvoll, aber nur erfolgreich, wenn die Ge-
genargumentation widerlegt werden kann (vgl. Crowley & Hoyer, 1994; Igou & Bless,
2003; Lumsdaine & Janis, 1953 zitiert nach Aronson et al., 2008, S. 201). Die Reihen-
folge der Redner ist ebenso wichtig. Werden Reden unmittelbar nacheinander gehalten,
erhält der erste Redner größere Aufmerksamkeit, da sich der Zuhörer meist an das erst
Gesagte erinnert. Dieses Phänomen wird als *primacy-effect* bezeichnet. Tritt hingegen
eine Pause zwischen beiden Reden ein, wird der Zweite eher in Erinnerung behalten,
was auf den Neuheits- bzw. *recency-effect* zurückzuführen ist (vgl. Haugtvedt & Wege-
ner, 1994; Miller & Campbell, 1959 zitiert nach Aronson et al., 2008, S. 201).

5. Informationsverarbeitungsmodelle

5.1 Das Elaboration-Wahrscheinlichkeits-Modell

Für ein detaillierteres Verständnis der Einflussfaktoren auf die Einstellung, Überzeugung und Urteilsbildung von Menschen liefern sozialpsychologische Prozessmodelle der Informationsverarbeitung einen Rahmen (vgl. Duerr, 2015, S. 129). Ein klassisches Zwei-Prozess-Modell zur Verarbeitung persuasiver Botschaften ist das Elaboration-Wahrscheinlichkeits-Modell, das im Folgenden mit der Abkürzung des englischen Terminus verwendet wird (ELM=*Elaboration-Likelihood-Modell*). 1986 von R. Petty & J. Cacioppo entwickelt, ist es auch eines der bekanntesten Modelle auf dem Gebiet der Medienwirkungsforschung. Es bietet eine empirische Grundlage, auf der sich Vorhersagen zu Bewertung von Informationen treffen lassen. Unterschieden wird hierbei zwischen zwei Wegen der Verarbeitung; der zentralen (*top-down*) und der peripheren (*bottom-up*), die mit unterschiedlichem kapazitivem Aufwand verbunden sind. Maßgebend für den Verarbeitungsweg sind der Zustand des Rezipienten, seine Motivation und Fähigkeit zur Auseinandersetzung mit der dargebotenen Information (*need for cognition*). Ist das Kognitionsbedürfnis hoch, wird der Rezipient durch eine Darbietung ausführlicher und qualitativ hochwertiger Informationen eher zu überzeugen sein – elaborierte Informationsverarbeitung auf qualitativer Argumentationsebene – als wenn dieser unmotiviert oder abgelenkt ist. In diesem Fall sollte der Versuch der Einflussnahme erfolgreicher sein, wenn Informationen mit situativen oder emotionalen Hinweisreizen (*cues*) versehen sind und nur oberflächlich, ungeachtet der Güte der Information, verarbeitet werden – flüchtige Informationsverarbeitung von Hinweisreizen über den peripheren Weg. Die Informationen des zentralen Wegs sind zwar kognitiv aufwendiger zu verarbeiten, dafür jedoch stabiler gegenüber denen des peripheren Weges, die einen geringeren Aufwand benötigen (vgl. Petty & Cacioppo, 1986, S. 1032, S. 1037, S. 141; Fischer et al., 2013, S. 91). Aus dem Konferenzbericht *Mood and Persuasion: A Cognitive Response Analysis* (1988) geht zudem hervor, dass positive Stimmung eine oberflächliche Informationsverarbeitung, also den peripheren Weg, begünstigt, während negative Stimmung eher über den zentralen Weg zu einer tiefgründigen Auseinandersetzung mit der Information führt (vgl. Schwarz et al., 1991, S. 2, S. 12).

5.2 Das Heuristisch-Systematische-Modell

Ein weiteres duales Prozessmodell zur Vorhersage von Einstellungsänderungen ist das Heuristisch-Systematische-Modell (HSM), das 1989 von der US-amerikanischen Sozialpsychologin S. Chaiken entworfen wurde. Analog zum ELM unterscheidet das HSM auch zwischen zwei Verarbeitungsprozessen – einem systematischen und einem heuristischen die anders als beim ELM simultan ablaufen können. Die heuristische Verarbeitung ist eine vereinfachte, verallgemeinerte Verarbeitung von Hinweisreizen (*cue + heuristic),* wohingegen bei der systematischen alle relevanten Informationen, insbesondere Argumente berücksichtigt werden. Das HSM betrachtet die Motive auch differenzierter als das ELM und gliedert sich in drei Grundmotive zur Verarbeitung persuasiver Information. Das erste wird als Verteidigungsmotiv (*defense motivation*) bezeichnet und zielt auf den Schutz des persönlichen Standpunktes ab. Hierbei werden selbstwertrelevante Einstellungen und Standpunkte besonders vehement verteidigt. Dieses Verhalten kann zur Verzerrung der Realität (*bias*) führen, da bei der Rechtfertigung Informationen selektiv gesucht werden und die Qualität der eigenen Einstellung zu hoch bewertet wird. Das zweite Motiv wird als Wahrheitsmotiv (*accuracy motivation*) bezeichnet. Hierbei ist die Person motiviert, ihre Entscheidungen möglichst gut zu treffen, d.h. objektiv auch nach den Informationen zu suchen, die konträr zu ihrer Einstellung stehen. Dadurch ist ihre Verarbeitung einstellungsrelevanter Inhalte eher ausgewogen. Das dritte Motiv ist das des sozialen Eindrucks (*impression motivation*) und bezieht sich auf das persönliche Bestreben, durch konsistentes Verhalten, in seiner Haltung, von seinem sozialen Umfeld akzeptiert zu werden. Ob die einstellungsrelevante Information subjektiv oder objektiv verarbeitet wird, hängt hingegen vom jeweiligen sozialen Ziel ab. Im Unterschied zur objektiven Verarbeitung möchte die Person bei der subjektiven Verarbeitung sich in ihrer Einstellung von außen konfirmiert sehen (vgl. Fischer et al., 2013, S. 92-93; Chaiken et al., 1989 zitiert nach Kruglanski & Thompson, 1999, S. 86)

5.3 Weitere Prozessmodelle der Persuasionsforschung

Neben Zwei-Prozess-Modellen existieren noch weitere Ansätze zur Erklärung persuasiver Informationsverarbeitung. Einer davon ist die Theorie der Laienhaften Erkenntnissuche (LET=*Lay Epistemic Theory*) und stammt von den Sozialpsychologen A. Kruglanski und E. Thompson. Die Laienepistemologie besagt, dass Menschen in sozialen Kontakten ständig darum bemüht sind sich das Verhalten anderer Personen zu erklären, um angemessen darauf reagieren zu können. Sie unterteilen die Motive der Erkenntnissuche dabei in drei Klassen. Das Bedürfnis nach Struktur, das besagt, dass Menschen bestrebt sind einen Spannungszustand durch Verwirrung und Mehrdeutigkeit zu vermeiden, um so, zu widerspruchsfreien Erkenntnissen zu gelangen. Bei dem Bedürfnis nach spezifischen Schlussfolgerungen, das engen Bezug zur Attributionstheorie hat, ziehen Menschen selektive Schlussfolgerungen, die in hohem Maße Selbstwertmotiviert sind um bestenfalls ihr Selbstwertgefühl noch zu steigern. Schließlich sind Menschen auch noch durch das Bedürfnis der Gültigkeit motiviert, in ihren Annahmen bestätigt zu werden bzw. sich im Recht zu sehen (vgl. Raab & Unger 2001, S. 348). Inspiriert durch die LET entwickelten die beiden Wissenschaftler das Unimodell, das ursprünglich als Kritik zu den klassischen Zwei-Prozess-Modellen formuliert worden ist (vgl. Kruglanski & Thompson, 1999, S. 89). Die von Kruglanski und Thompson bezeichnete *Single Route* der Persuasion versinnbildlicht die Auffassung, motivationale Informationsverarbeitungsprozesse als vielschichtig zu begreifen, die nicht nur in zwei Teilprozesse zerlegbar sind. Das Unimodell knüpft an die Erkenntnisse der klassischen Prozessmodelle an, stellt ihrer Dichotomisierung aber die Vorstellung entgegen, dass sowohl die Kapazität als auch die Motivation zur Verarbeitung persuasiver Kommunikation kontinuierliche Variablen darstellen, die in ihrem Ausmaß variieren (vgl. Kruglanski, & Thompson, 1999, S. 92). Das Unimodell beansprucht in seiner neueren Entwicklung den Status eines grundlegenden Modells zur Erklärung menschlicher Urteilsbildung. Ähnlich wie es Aristoteles in seiner Logik verstand, folgt die Urteilsbildung in diesem Modell einem gewissermaßen syllogistischen Schluss, bei dem vorhandene Beweise auf der Grundlage einer allgemeinen Regel folgerichtig zu einem Urteil führen. Die Regel ist jedoch kein Faktum, sondern vielmehr eine subjektive Gesetzmäßigkeit die trotz logischem Schlussfolgern zu falschen Annahmen und Urteilen führen kann. Neben dem Verarbeitungsaufwand werden im Unimodell insbesondere Motive, ein vorab schon festgelegtes Urteil zu erreichen und die subjektiv eingeschätzte Relevanz von Information als kontinuierliche Parameter definiert. Es beansprucht nicht nur die Integration von als qualitativ unterschiedlich definierten Urteilsprozessen wie im ELM sondern auch unterschiedlicher Inhaltsbereiche menschlicher Urteilsbildung wie Heuristiken, Attribuierung oder Personenwahrnehmung (vgl. Portal Hogrefe, 2015, Suchbegriff: Unimodel of persuasion)

6. Praxisreflexion

Mit abschließender Reflexion werden einige Erkenntnisse zur Persuasion anhand von Marketingbeispielen veranschaulicht. Ein Beispiel bezieht sich auf rein inhaltliche Aspekte einer TV-Werbung der Fast-Food-Kette BurgerKing, die als Reaktion auf eine TV-Reportage des Enthüllungsjournalisten Günter Wallraff ausgestrahlt wurde. Zwei besonders auffällige Elemente sind dabei, dass sich eine direkte Ansprache an den Konsumenten richtet, und der Redner zudem der Geschäftsführer der BurgerKing Deutschland ist – eine Kapazität, die Vertrauenswürdigkeit suggerieren soll (siehe Kapitel 4.1.1). In der Regel zielt TV-Werbung auf eine oberflächliche Verarbeitung von Inhalten, durch Hinweisreize (*cues*) ab, die hier gebrochen wird. Durch die direkte Ansprache des Zuschauers/-hörers soll dieser aus seinem Dämmerschlaf der peripheren Verarbeitung geweckt werden. Die ihm dargebotene Information soll bewusst über den zentralen Weg verarbeitet werden (*top-down*) um eine stabile Einstellungsänderung in ihm zu bewirken (siehe Kapitel 5.1) damit er weiterhin oder wieder bei BurgerKing konsumieren wird. Eine vielleicht recht spekulative, doch erkennbare Transfermöglichkeit wäre, eine Einstellungsänderung beim Konsumenten durch ein mögliches Auftreten des *recency-effect* zu erklären. Da der Geschäftsführer nach Günter Wallraff zur Sprache kommt und somit eine etwas längere Pause zwischen beiden Rednern liegt, könnte die Stimme des Geschäftsführers letztendlich stärkeres Gewicht im Bewusstsein des Konsumenten haben und so überzeugen. Ebenso werden die Gegenargumente aufgegriffen, indem auf Vorwürfe reagiert wird, doch diese letztendlich durch Einsicht und Versprechungen entkräftet werden (siehe Kapitel 4.2). Andere Beispiele, in denen Persuasion verstärkt stattfindet sind in den neuen Medien zu finden. Heutzutage bietet das Internet eine breite Plattform für persuasive Kommunikation. Mit zahlreichen Kommunikationskanälen wie Foren, Blogs, Auktionsportalen, Preissuchmaschinen, und etwaigen anderen Diensten nimmt das Medium maßgeblichen Einfluss auf die Einstellungen und das Verhalten seiner Nutzer. Besonders im *Social Media Marketing* sind perfide Ausdrucksformen der Persuasion zu beobachten. So geschieht es häufig, dass Hersteller ihre Produkte als Testbericht getarnt vermarkten, wie es beispielsweise die Firma NTC Nutrition in einem gefälschten Apothekermagazin versuchte. Auch Kundenrezensionen in Online-Shops werden häufig von Mitarbeitern des jeweiligen Unternehmens oder dem Verkäufer selbst geschrieben, in dem Wissen darum, dass Interessenten sich an objektiven Erfahrungsberichten orientieren. Dies ist eine äußerst effektive Art Mund zu Mund Propaganda zu kontrollieren und auf subtile Weise zu lenken. Doch wie es schon die Sozialpsychologen Petty & Cacioppo festgestellt haben wirkt Persuasion nur, wenn der Mensch nicht wahrnimmt, dass er beeinflusst wird (siehe Kapitel 4.2). Deshalb operieren immer mehr Werbetreibende subliminal über *persuasion profiling* worunter kontextsensitive Werbung zu verstehen ist. Dienste wie Payback oder Facebook dienen letztendlich dafür personalisierte Daten zu erheben um ein Nutzerprofil zu erstellen, das zu Werbezwecken verwendet wird. Cookies speichern Browserverläufe über die perso-nalisierte Werbeanzeigen *just-in-time* geschaltet werden können, Seriennummern wer-den ausgelesen, so dass u.a. Mac Nutzer ein gleiches Produkt hochpreisiger angeboten bekommen als Nutzer zweit- oder drittklassiger Geräte, digitale Werbetafeln synchroni-sieren sich mit Mobiltelefonen von Passanten um interessenspezifische Werbung auszu-strahlen – die Möglichkeiten persuasiver Kommunikation sind im digitalen Zeitalter nahezu Grenzenlos, weil die personenspezifischen Ansatzpunkte zur Persuasion immer deutlicher erkennbar werden. Persönliche Daten stellen eine Art Währung dar. Aus die-sem Grund ist es auch einem eigentlich materiell wertlosen Konzern wie Facebook überhaupt erst möglich, an die Börse zu gehen. Der Mehrwert ist der User, der sich im-mer transparenter zeigt.

7. Fazit

In den Experimenten der Yale-Studien untersuchte eine Forschergruppe um den Sozial-psychologen C. Hovland ob und wie Einstellungsänderungen im Menschen durch sys-tematische Informationsdarbietung hervorgerufen werden können. Dabei stellten sie fest, dass die Beeinflussbarkeit einer Person stärker vom Kontext der Quelle als von der Information selbst abhängt. Zudem zeigte sich, dass je subtiler der Persuasionsversuch erfolgte, desto erfolgreicher war er. Zwar konzentrierten sich die Experimente primär auf die persuasive Wirkung von politischer und militärischer Propaganda, doch die Er-kenntnisse erweisen sich als universell übertragbar auf alle Bereiche in denen zwi-schenmenschliche Kommunikation stattfindet. Bezüglich der menschlichen Urteilsbil-dung scheint das Unimodel den plausibelsten Ansatz zur Erklärung persuasiver Infor-mationsverarbeitung zu bieten, denn gegenüber den dichotomen Prozess-Modellen be-greift das Unimodell motivationale Informationsverarbeitungsprozesse als vielschichtig, unabhängig von der kognitiv verfügbaren Kapazität. Es berücksichtigt auch die subjek-tiv eingeschätzte Relevanz von Information, die bei der Urteilsbildung eine große Rolle spielt. Resümierend ist festzustellen, dass Persuasion nicht nur für die Geisteswissen-schaften interessant ist, sondern ein interdisziplinärer Forschungsgegenstand mit zahl-reichen Anwendungsgebieten. Die Erkenntnisse der Yale-Studien sowie die Ansätze der Prozessmodelle scheinen besonders heutzutage für das Marketing von großem Nutzen zu sein, doch insbesondere können sie auch innerhalb prädiktiver Verhaltensforschung oder der Forschung demografischer Entwicklungen sinnvoll weiter verwertet werden.

Literaturverzeichnis

Aronson, E., Akert, R. M., & Wilson, T. D. (2008). *Sozialpsychologie* (6., aktualisierte Aufl.). *Pearson Studium*. München [u.a.]: Pearson Studium.

Petty, R. E., & Cacioppo, J. T. (1986). *The elaboration likelihood model of persuasion* (pp. 1-24). Springer New York.

Cacioppo, J. T., Petty, R. E., Kao, C. F., & Rodriguez, R. (1986). Central and peripheral routes to persuasion: An individual difference perspective. *Journal of personality and social psychology*, *51*(5), 1032.

***Die Bibel**: Altes und Neues Testament.* (1980). Freiburg i.Br: Herder.

Duerr, F. (2015). *Kognition - Kooperation - Persuasion: Überzeugungen in Gehirn und Gesellschaft. Neue Rhetorik: Vol. 19*. Berlin: Weidler.

Duthel, H. (2013). *Dialektischer materialismus*. [S.l.]: Books On Demand.

Erb, H.-P., (2015). *Unimodel of persuasion*. Verfügbar unter https://portal.hogrefe.com/dorsch/unimodel-of-persuasion/ [20.08.2015 18:48]

Fischer, P., Asal, K., & Krueger, J. I. (2013). *Sozialpsychologie für Bachelor: Lesen, Hören, Lernen im Web. Springer-Lehrbuch*. Berlin, Heidelberg: Imprint: Springer.

Hovland, C. I., & Weiss, W. (1951). The influence of source credibility on communication effectiveness. *Public opinion quarterly*, *15*(4), 635-650.

Hovland, C. I., Harvey, O. J., & Sherif, M. (1957). Assimilation and contrast effects in reactions to communication and attitude change. *The Journal of Abnormal and Social Psychology*, *55*(2), 244.

Kruglanski, A. W., & Thompson, E. P. (1999). Persuasion by a single route: A view from the unimodel. *Psychological Inquiry*, *10*(2), 83-109.

Ortak, N. (2004). *Persuasion: Zur textlinguistischen Beschreibung eines dialogischen Strategiemusters. Beiträge zur Dialogforschung: Bd. 26*. Tübingen: Niemeyer.

Raab, G., Unger, F., & Unger, F. (2001). *Marktpsychologie*. Gabler.

Schwarz, N. (1988). Mood and Persuasion: A Cognitive Response Analysis.

Walster, E., & Festinger, L. (1962). The effectiveness of "overheard" persuasive communications. *Journal of Abnormal and Social Psychology*, *65*(6), 395-402.

Lightning Source UK Ltd.
Milton Keynes UK
UKRC011340130520
363183UK00008B/57